DEUX
ETUDES DE DROIT LORRAIN

UN NOUVEL EXEMPLE D'URFEHDE

LES DROITS DE VUE SUR LE CIMETIÉRE D'AUTREVILLE

PAR

CH. GUYOT,

Président de la Société d'Archéologie lorraine.

NANCY

G. CRÉPIN — LEBLOND, IMPRIMEUR — ÉDITEUR

Passage du Casino.

1892

DEUX

ETUDES DE DROIT LORRAIN

UN NOUVEL EXEMPLE D'URFEHDE

LES DROITS DE VUE SUR LE CIMETIÉRE D'AUTREVILLE

PAR

Ch. GUYOT,

Président de la Société d'Archéologie lorraine.

NANCY

G. CRÉPIN—LEBLOND, IMPRIMEUR—ÉDITEUR

Passage du Casino.

1892

Extrait du *Journal de la Société d'Archéologie Lorraine*. — Août - Septembre et Octobre 1892.

SUR UN NOUVEL EXEMPLE D'URFÈHDE EN LORRAINE

1484

En 1858, notre regretté confrère M. Louis Lallement
publiait dans le *Journal de la Société d'Archéologie
lorraine* (1) une étude remarquable « sur le droit à une
« indemnité qu'avait autrefois en Lorraine l'inculpé in-
« dûment poursuivi et détenu préventivement, et sur
« l'*urphède* ou renonciation à ce droit. »

L'espèce (pour employer le terme juridique) relatée
dans cette étude est le procès de Claudine Boussart,
femme de chambre de Renée de Bourbon, épouse du
duc Antoine, accusée d'avoir empoisonné sa maî-
tresse (2) ; les déclarations reproduites par M. L.
Lallement sont de 1545 et 1546. Notre confrère faisait
remarquer la rareté des documents de ce genre ; il ter-
minait par un parallèle intéressant entre notre ancienne

(1) P. 122-134 et p. 154-155.

(2) V. à ce sujet : H. Lepage, *Communes de la Meur the*
v° *Custine*, et au 16ᵉ vol. des Documents sur l'histoire de
Lorraine (*Inventaires des ducs de Lorraine*, p. 67 et 68),
une note très circonstanciée sur le même sujet.

législation criminelle et les lois qui nous régissent aujourd'hui.

Nous revenons sur le même sujet pour faire connaître un autre cas d'*urfehde* (1), également applicable à la Lorraine, mais antérieur de plus d'un demi-siècle. Une autre différence consiste en ce que l'affaire de Claudine Boussart avait été poursuivie devant la justice du prince, tandis que dans le procès de Clore Monsy, que nous allons relater, l'instance s'est engagée devant le tribunal des seigneurs du lieu ; l'accusée habitait le village de Woll, localité détruite qui faisait partie de la seigneurie de la Bresse, dans la montagne des Vosges, sur le versant lorrain. A la fin du xv⁰ siècle, époque à laquelle nous reporte ce procès, la seigneurie de la Bresse et de Woll se trouvait partagée entre la famille de Hattstatt, originaire d'Alsace, et la famille lorraine des Doron, qui transmit ensuite sa part à la maison de Savigny.

C'est sous le coup d'une accusation de sorcellerie que Clore Monsy fut mise en prison et que son procès fut instruit par les officiers de Hattstatt, agissant sans doute tant au nom de leur maître que pour le co-seigneur du lieu. Mais il arriva que la prétendue sorcière fut acquittée, ce qui nous montre, contrairement à l'opinion commune, qu'en ce temps là les juges n'obéissaient pas aveuglément aux réquisitions des procureurs seigneuriaux ; l'accusation de sorcellerie était toujours fort grave, mais enfin on en réchappait quelquefois.

(1) On nous permettra de ne pas employer l'orthographe admise par M. L. Lallement; le changement que nous proposons est justifié par l'étymologie, ainsi qu'on le verra plus loin.

Comme conséquence de son acquittement, Clore Monsy fut donc mise en liberté, et dès lors s'ouvrait pour elle le droit de réclamer des dommages-intérêts aux accusateurs, droit qui fut toujours admis en Lorraine, comme l'a fait éloquemment ressortir M. L. Lallement.

C'est ici qu'intervient l'*Urfehde*, acte de renonciation dont nous allons donner les principaux passages, traduits du texte allemand, en nous excusant de quelques lacunes, qui proviennent de ce que nous n'avons pu lire parfaitement tous les mots de l'original :

Je, Clore Monsy, femme Martin, fais savoir à tous par les présentes lettres, et j'affirme publiquement qu'un mauvais bruit s'étant répandu sur mon compte dans le village de Woll et ses environs, touchant des maléfices que j'aurais méchamment employés, c'est pourquoi la noble dame veuve Marguerite de Hattstatt, née de Wolfenheim, et la noble dame Doron et ses enfants, seigneurs du village pour moitié, y exerçant la justice au nom de sa Grâce le comte .de....., m'ont fait arrêter et mettre en prison. Ensuite de quoi j'ai été traduite devant le tribunal qui m'a déchargée de la poursuite. Alors mon mari Monsy Martin et Hans Oberlin mon frère se sont portés mes garants, et en conséquence ma susdite noble dame m'a fait grâce et m'a mis hors de prison..... Et mon mari et mon frère susdits ainsi que moi avons juré par Dieu et les Saints, les mains levées et avec les formules usitées, un honnête et sincère *Urfehde* pour la prison que j'ai subie et pour tout ce qui s'est passé, à l'égard de la noble dame susnommée, de ses enfants et ayans-cause et de tous les seigneurs de Hattstatt et de leurs héritiers. Je jure de ne jamais commettre la faute qui m'a été reprochée, ni par paroles, ni par actes, ni par gestes, secrètement, ou manifestement, et en cas où je serais convaincue d'avoir manqué à mon serment, je consens à être traduite devant les juges, civils ou ecclésiastiques. Et nous

les susdits Monsy Martin et Hans Oberlin affirmons par serment que tout ce qui est écrit dans ces lettres est rigoureu-
sement vrai, et nous avons prié le schultheiss de Sultzbach
d'apposer son sceau à la présente pièce, ce qu'il a fait le
lundi après la mi-carême de l'année 1484.

(*Archives du Canton de Bâle-Ville ; fonds de Hattstatt.*)

Cet acte de 1484, comparé à ceux de 1545 et 1546
relatés par M. L. Lallement, nous a suggéré les obser-
vations suivantes :

D'abord le terme d'*urfehde* est textuellement inséré
dans le texte de 1484, tandis qu'en 1546 il n'est inscrit
qu'au dos de la pièce, dans une sorte de sommaire,
sans doute l'œuvre d'un secrétaire ou d'un archiviste.
Le mot est donc bien allemand et c'est d'Allemagne
que nous est probablement venue l'institution à laquelle
ne correspond aucun terme de la langue romane ou
française.

Nous n'avons rien à ajouter aux définitions et aux
étymologies données par M. L. Lallement, qui les a
principalement extraites de du Cange et de Vossius ;
nous nous bornerons à les commenter comme il suit.

L'*urfehde* est une renonciation au droit de vengeance
qui appartenait autrefois à la famille de l'accusé dont
l'incarcération avait été reconnue mal fondée. Ce droit
de vengeance nous reporte aux temps lointains où les
parties en appelaient de la sentence en provoquant les
juges eux-mêmes et les témoins en combat singulier.
Le mot *faida* ou *feida* correspond en effet à cette
vengeance privée qui était encore admise, dans les
cas graves, par la législation de l'époque carolin-
ienne. Mais elle avait ensuite dégénéré, à mesure que

l'adoucissement des mœurs et les progrès de l'orga-
nisation judiciaire avaient peu à peu supprimé les
guerres privées, pour ne plus consister qu'en un droit
à l'indemnité : « feida... pro satisfactione, » (Du
Cange *hoc* v°), en une action en dommages-intérêts,
comme nous dirions aujourd'hui. Telle était la situation au xve siècle, et depuis longtemps peut-être cette
transformation était accomplie dans notre pays.

Nous savons de plus que la *faida* appartient, non
seulement à l'offensé lui-même, mais à toute sa famille : « faida... vindicta parentum. » (*Eod. loc.*). En
effet la sentence de condamnation, en cas de crime,
emportait généralement la confiscation des biens du
condamné : or, d'après les idées de cette époque, le
patrimoine d'un individu, bien que faisant l'objet d'une
propriété divisée, donnait aux membres de la famille
des droits éventuels assez forts pour leur permettre
d'agir comme s'ils avaient été personnellement lésés.
On ne s'étonnera donc point de voir intervenir dans
l'acte d'*urfehde*, non seulement l'accusé absous mais
encore ses parents : ainsi, dans notre exemple, non
seulement le mari, mais aussi le frère de Clore Monsy ;
de même que dans l'affaire de Claudine Boussart, elle
promet d'abord pour elle-même, ensuite pour tous
ses parents et alliés.

Le sens du mot *feida* ainsi déterminé, que dire de la
syllabe *ur* qui le précède ? Aux étymologies bizarres
données par Vossius (*ur* pro *over*, hoc est *super*,
supra... ; ure ab hora...), nous proposons de substituer
simplement le radical allemand *ur* qui emporte l'idée
de cessation, de fin de. Ainsi *urfehde* se traduit : promesse de s'abstenir de toute réclamation fondée sur la
poursuite encourue.

Quant à l'orthographe, nous devons préférer celle qui nous est donnée par le texte allemand, l'introduction du *ph*, qui se trouve dans les documents français du xvie siècle, ne se justifie aucunement.

Cette institution du droit germanique, passée dans le droit lorrain, d'après laquelle l'inculpé induement incarcéré se retourne contre le magistrat pour se faire indemniser du préjudice injustement souffert, — a paru à M. L. Lallement éminemment juste et libérale, et il exprime son regret de ne point trouver dans l'ancienne législation française et dans la législation moderne une disposition aussi favorable. Ce regret est-il bien fondé ? malgré l'affirmation de notre docte confrère et sa profonde érudition juridique, on nous permettra d'en douter quelque peu. Nous serions fier sans doute de voir la Lorraine occuper la première place sur le chemin de l'humanité et de la justice, mais il nous semble que la vieille France ne s'est nullement laissé devancer dans cette voie, et que nos lois actuelles ne doivent point nous faire regretter non plus la coutume qui motivait l'application de l'*urfehde* germanique.

L'équivalent du droit de vengeance, de la *faida* de l'accusé absous, c'est la prise à partie, que l'on trouve autorisée par les ordonnances royales du xvie siècle, et qui est tout au long reproduite dans l'ordonnance française d'avril 1667. On sait aussi que les articles 505 et suivants de notre Code de Procédure civile sont pleinement applicables aux officiers du ministère public (1).

(1) V. Faustin-Hélie, *Traité de l'Instruction criminelle* t. II, n° 595.

Sans doute, nous ne pouvons savoir dans quelles conditions s'exerçait au moyen âge, en Lorraine, l'action de l'accusé absous, si cette action était recevable en cas de simple erreur, ou si la preuve du dol était requise à la charge de l'officier poursuivi. Mais nous pouvons affirmer qu'il en était ainsi au xviiie siècle, et nous en avons la preuve par le texte de l'ordonnance criminelle de Léopold de juillet 1701, que loue avec raison M. L. Lallement (1) : il n'y a d'action possible que si la poursuite a été dirigée « ... par un esprit de vexation »; ce sont bien les conditions requises pour l'exercice de la prise à partie dans notre droit moderne.

Nous ne pouvons donc admettre qu'en France, au xixe siècle, l'accusé ait sur ce point moins de garanties qu'au moyen âge en Lorraine et dans les pays germaniques. Si Clore Monsy en 1484 et Claudine Boussart en 1545 avaient été tentées de réclamer indemnité pour leur incarcération inutile, nous pensons qu'il ne leur aurait pas suffi de prouver l'erreur de la poursuite, mais qu'elles auraient dû aussi démontrer, chose plus difficile, la mauvaise foi, le dol du procureur ducal ou seigneurial dont elles avaient à se plaindre.

Tout ce que l'on peut admettre c'est qu'en fait des réclamations de ce genre devaient être plus fréquentes autrefois que chez nous, où elles sont extraordinaires. Cela ferait supposer que les fonctionnaires du moyen âge étaient facilement incriminés d'actes qui de nos jours sembleraient à bon droit monstrueux. Voilà pourquoi sans doute la pratique de l'*urfehde* a pu s'établir, pour débarrasser le magistrat de chicanes in-

____

(1) *Loc. cit.*, p. 132.

tempestives, tandis qu'aujourd'hui un procureur général n'aurait guère intérêt, au lendemain du verdict de la Cour d'assises, de demander aux accusés acquittés une promesse de s'abstenir.

LES DROITS DE VUE SUR LE CIMETIÈRE D'AUTREVILLE
D'après un arrêt récent

———————

Il est assez rare aujourd'hui que les tribunaux aient à s'inquiéter des dispositions de l'ancienne législation lorraine qui depuis plus d'un siècle a cessé de régir la province. C'est en matière immobilière que cette législation a reçu la plus longue application, par suite de rapports juridiques créés pendant qu'elle était en pleine vigueur et des droits acquis dont notre code civil proclame le maintien. Les affaires d'usages forestiers, notamment, ont donné lieu, dans le ressort de la Cour de Nancy et dans celui de la Cour de Metz, à d'éloquents plaidoyers, à de savants mémoires, que l'importance des intérêts en litige rendait particulièrement intéressants. Mais tous ces procès sont depuis longtemps terminés, et c'est un grand hasard lorsque l'on entend invoquer à la barre la coutume de Lorraine ou les ordonnances de Léopold. C'est donc une vraie bonne fortune d'archéologue d'avoir à mentionner un arrêt du genre de celui qui a été rendu par la Cour de Nancy, à la date du 13 novembre 1891.

Il s'agit du cimetière de la commune d'Autreville (Meurthe-et-Moselle), qui environne l'église, et qui est lui-même entouré, comme on en voit d'assez fréquents exemples, par des maisons fort anciennes. L'une de ces maisons possède, depuis un temps immémorial, des vues ou jours sur le cimetière; dernièrement la commune, voulant agrandir la sacristie de l'égtise, a exécuté des travaux qui ont eu pour résultat d'obstruer les jours de la maison riveraine et le propriétaire de cet immeuble réclame le rétablissement de l'état antérieur. D'après notre droit actuel, les cimetières faisant partie du domaine public communal, aucune servitude n'a pu y être valablement acquise depuis la promulgation du code civil. Pour obtenir le maintien de la servitude de jours et vues dont il s'agit, il faut supposer qu'elle existait déjà d'après la législation ancienne. D'où cette question, de laquelle dépend la solution du procès : la servitude de vue pouvait-elle légalement grever un cimetière, d'après les principes de l'ancien droit lorrain et comment pouvait-elle être acquise ?

Pour y répondre, le Tribunal et la Cour ont discuté avec ampleur la vieille théorie de l'imprescriptibilité du domaine ducal en Lorraine. Ils ont réveillé l'écho de ces luttes fameuses, qui, vers 1830, furent soutenues pour ou contre le principe d'inaliénabilité : en ce temps-là le bibliophile Noël, « notaire royal », publiait sa brochure *Des Domaines et de l'état constitutionnel de la Lorraine*, un peu pour affirmer que ces domaines avaient été de tout temps aliénables et prescriptibles, beaucoup sans doute pour étaler aux yeux du public les ordonnances de 1446, 1561, 1613, et autres encore, tirées de recueils originaux faisant partie de sa collection. Il y fut répondu par l'illustre Troplong, alors avocat général à Nancy, qui composa à ce sujet un mémoire intitulé : *De la sou-*

veraineté des ducs de Lorraine sur le Barrois mou-
vant et de l'imprescriptibilité de leurs domaines dans
cette partie de leurs Etats. C'est par ce travail, dit
Meaume (1) que s'est révélé l'écrivain et le jurisconsulte
qui devait plus tard offrir à la magistrature et au bar-
reau le *Droit civil expliqué.*

La théorie de Troplong ne tarda pas à prévaloir, et
la jurisprudence, suivant l'opinion conforme des anciens
juristes lorrains, consacra le principe de l'inaliénabilité
et de l'imprescriptibilité, avec les deux tempéraments
suivants : distinction entre le domaine ducal et le petit
domaine ou domaine privé du prince, application de la
règle d'inaliénabilité seulement à partir de l'année 1600.

Ces deux distinctions. à vrai dire, pourraient être
critiquées. Spécifier de quoi se compose le domaine
prescriptible ou petit domaine est chose fort délicate ;
un arrèt de Nancy du 23 août 1819 y fait rentrer les
casualités, c'est-à-dire les biens obvenus au souverain
par droit d'aubaine, de deshérence, de confiscation, tant
que leur réunion au grand domaine n'a pas été expres-
sément prononcée. Mais n'est-ce que celà ? ou bien, si
l'on veut aller plus loin, quelle limite précise pourra-t-
on poser à cette assimilation ?

Quant à la date de 1600, en deçà de laquelle on veut
que le domaine ducal, grand ou petit, ait été prescriptible (2), elle est empruntée à l'ordonnance de 1719,
dans laquelle Léopold, afin de régulariser une situation
troublée par un demi-siècle de guerres et d'invasions,
décide, par bienveillance et ayant égard aux représenta-
tions des intéressés, qu'on ne remontera pas plus haut

(1) Commentaire du Code forestier, 1. p. 509.
(2) Cpr. Rogéville, *Dict^{re} des ordonnances,* v° *Domaine.*

que 1600 pour appliquer les effets de la règle d'inaliénabilité. Cette décision, qu'expliquent les circonstances,
signifie-t-elle qu'avant 1600 des principes différents
régissaient la Lorraine ? il nous semble difficile de l'affirmer, et nous ne voyons pas pourquoi l'on supprime-
rait ainsi d'un trait de plume toute la législation domaniale de nos ducs, depuis René jusqu'à Charles III. A
notre avis, l'inaliénabilité a toujours été de principe,
aussi bien aux xve et xvie siècles que plus tard (1).
Reportons-nous, par exemple, à l'un des *Inventaires*
récemment publiés par la Société d'Archéologie (2) :
« Bagues et joyaux que S. A. entend être unis et incor-
porés au duché de Lorraine. » Sans doute cet inventaire
n'est que de 1606, mais, dans son préambule, Charles III
déclare que les joyaux de la couronne demeureront « unis
à toujours inaliénablement » au duché de Lorraine,
c'est-à-dire au domaine ducal. Le prince n'entend
nullement créer aucune situation nouvelle; il se réfère à
l'état actuel, il ne fait que continuer ce qui s'est passé
sous son règne et les principes qui lui ont été transmis
par ses prédécesseurs. Nous croyons donc que l'inaliénabilité en Lorraine ne date pas de Charles III et n'a
pas plus son point de départ en 1600 qu'en 1606; elle est
certainement de beaucoup antérieure.

Mais à quoi bon débattre ces grandes questions au
sujet du cimetière d'Autreville ? Notre arrêt, après avoir
exprimé son adhésion à la théorie de l'inaliénabitité,
rend cette adhésion quelque peu platonique au moyen

(1) Telle est d'ailleurs l'opinion de la Cour de Nancy dans
l'arrêt que nous rapportons.

(2) *Documents*, t. xvi. *Recueil d'Inventaires des Ducs de
Lorraine*, 1891.

d'une distinction fort grave : sans doute le domaine est inaliénable, mais il ne s'agit dans les ordonnances qui proclament ce principe que des aliénations *énormes*, des ventes ou donations de fonds tellement importantes qu'elles produisent une diminution des revenus de l'Etat et empêchent le souverain de pourvoir aux charges publi-ques. Les simples servitudes, démembrements de la pro-priété qui n'affectent point le revenu, échappent par-là même à la règle d'inaliénabilité ; elles peuvent être va-lablement constituées, on peut les acquérir par le long usage : donc les jours et vues possédés de temps immémorial par les maisons qui bordent le cimetière d'Autreville doivent être maintenus.

Tel est le raisonnement de la Cour de Nancy : les magistrats de 1891 ont cru ne pouvoir mieux faire que de reproduire les arguments donnés autrefois par Troplong et insérés dans un arrêt du 19 décembre 1833. Ce raisonnement soulève une très forte objection: nulle part on ne trouve cette distinction entre les aliéna-tions énormes, qui seules seraient prohibées, et les aliénations moins considérables qui seraient permises. Toujours, au contraire, ce qui est admis pour la propriété pleine l'est aussi pour ses démembrements, les servi-tudes. L'arrêt de 1833 se borne sur ce point à invoquer l'usage, le meilleur interprète des lois, et à déclarer qu'il n'y a pas dans l'histoire d'exemples de révocations des simples servitudes. Qu'en sait-on? l'histoire prend-elle soin de nous informer de ces détails ? L'argu-ment est donc médiocre, d'autant que l'on est obligé de reconnaître qu'il est en contradiction avec des édits de Léopold et un arrêt du Conseil du 15 septembre 1722.

Toutefois, peu importait pour le fond de l'affaire. La

critique, beaucoup plus grave, que nous nous permettrons de formuler, c'est que la législation domaniale et son imprescriptibilité n'avaient rien à voir dans ce débat, et qu'il était fort inutile d'y recourir pour cette humble question de l'acquisition d'une servitude de vue sur le cimetière d'Autreville. Les ordonnances domaniales ne peuvent s'appliquer qu'à ce qui constituait autrefois le domaine ducal ; or il fallait tout d'abord nous démontrer, ce que l'on a omis de faire, que l'immeuble en litige rentrait dans la classe des biens domaniaux. D'abord le village d'Autreville, ainsi que Millery, étaient, quoique lorrains, sous la haute justice du Chapitre de Metz, et ne firent jamais partie intégrante du domaine ducal (1). En supposant même que les ducs y eussent été seigneurs, est-ce une raison suffisante pour appliquer au cimetière des règles concernant essentiellement les propriétés domaniales ?

On a été évidemment dominé, dans ce procès, par la classification moderne des biens du domaine public, lesquels sont imprescriptibles, et on a voulu transporter dans le droit ancien une nomenclature qui y était absolument inconnue. Ce que nous appelons aujourd'hui domaine public, national ou communal, n'était point régi autrefois par la législation domaniale, qui concernait uniquement le bien du prince, le domaine de l'Etat, comme on dirait de nos jours. Ce domaine public

(1) Cf. Lepage. *Communes de la Meurthe*, v° *Autreville*, p. 57.

Il est à peine besoin de rappeler la différence essentielle qu existait autrefois entre la souveraineté et la seigneurie : le duc de Lorraine était *souverain* sur l'ensemble du duché, mais il n'avait dans son domaine en qualité de *seigneur* qu'une partie des villes et villages du pays ; le reste était possédé domanialement par d'autres seigneurs et même par des souverains étrangers.

n'était certes pas confondu avec les biens privés, mais
il était soumis à des principes qui n'étaient point iden-
tiques à ceux concernant les domaines du prince. Ainsi les
hauts chemins, correspondants à nos grandes routes,
étaient protégés par l'art. 36, tit. xv de la coutume, les
voies rurales par le même article et par des statuts locaux.
Quant aux cimetières, rangés aujourd'hui dans le domaine
public communal, ils appartenaient autrefois soit aux
églises, soit aux communautés, et par conséquent les
dispositions légales concernant les biens de ces deux
sortes de propriétaires leur sont exclusivement applicables.

Si nous considérons la première hypothèse, il faut
reconnaitre que les biens ecclésiastiques ne sont aucunement inaliénables ni imprescriptibles. On se transmettait,
dans les conditions du droit commun, sauf des garanties
tenant à la qualité des aliénateurs, non seulement les
biens ruraux affectés à la dotation des églises, mais
encore des bâtiments qui, pour nous, seraient hors du
commerce, tels que des chapelles et des portions plus ou
moins considérables du sanctuaire. Les cimetières
n'avaient reçu de la législation lorraine aucune protection
spéciale. Ce fut seulement à une époque relativement
récente, à la fin du xvi⁰ siècle, que l'on introduisit au
titre xxiii de la Coutume, *Des prescriptions*, un article
nouveau déclarant qu' « on ne peut prescrire contre
l'Eglise, à moins de quarante ans. » Sans doute cet
article a eu principalement pour but de prévoir l'usur-
pation du fonds, mais il nous semble certain qu'on doit
l'appliquer aussi à la constitution des servitudes, et
notamment aux droits de jours et vues (1).

(1) Argt. art. 2, tit. xiv. Cf. V. Riston. *Différentes formes
de la propriété en Lorraine* (Nancy, 1887), p. 241.

Si nous admettons, au contraire, que le cimetière appartenait à la communauté, les règles ordinaires de la prescription lui sont applicables, et les servitudes de vues peuvent y être acquises par une possession de trente ans. Tel devait être, fort probablement, le cas du cimetière d'Autreville. Nous voyons, en effet, que toujours le cimetière est considéré comme une dépendance de l'église qu'il entoure ; il est donc logique d'étendre au cimetière, duquel il n'est que très rarement question dans les titres, la situation de droit qui existe pour l'église elle-même.

L'usage du diocèse de Toul, pour les églises paroissiales, mettait la construction et les réparations du chœur à la charge du curé, les toitures et les murailles de la nef à la charge des décimateurs, enfin la tour et le clocher à la charge des paroissiens (1). Il est permis de conclure que la propriété se réglait suivant les mêmes principes. A défaut de titres. la communauté était donc propriétaire de la tour et du clocher, ce qui se comprend puisque cette partie de l'édifice était plus spécialement affectée à un service municipal ; pour la même raison, nous croyons à pareille attribution pour le cimetière.

Ces usages, il est vrai, ne peuvent être invoqués en ce qui concerne Autreville ; d'une part, en effet, ce village est du diocèse de Metz, et d'autre part son église n'est point paroissiale. Mais si nous consultons l'état du temporel des paroisses, rédigé vers 1710, nous y trouvons pour Autreville le passage suivant (2): « Pour ce qui est de l'église, elle est entièrement à la charge des

(1) Cpr. **D.** Mathieu, *L'ancien régime dans la province de Lorraine et Barrois*, p. 144.
(2) Arch. Mth. B. 293, p. 29-32. v₀ *Millery* et *Autreville*.

habitans, tant pour l'entretien et réparations d'icelle
que pour la fourniture d'ornemens et autres néces-
sités.. » Ceci nous indique que l'église était communale
dans son entier, et nous sommes autorisés à penser
qu'il en était de même du cimetière, son accessoire.

La question serait donc ainsi réglée, suivant le droit
ancien : le cimetière d'Autreville, comme l'église, est
propriété communale ; les biens communaux sont soumis
au droit commun en ce qui concerne la constitution des
servitudes, donc la servitude de vue sur ce cimetière a
pu être valablement acquise par une prescription trente-
naire.

Si nous examinons enfin la législation du xviiie siècle,
les ordonnances de Léopold ne contiennent aucune
disposition concernant les cimetières ; mais nous savons
qu'à cette époque la jurisprudence française était suivie
déjà par les tribunaux lorrains, dans tous les cas non
prévus par les coutumes de la province. Or en France,
d'après Merlin (1), quoique les cimetières ne soient point
dans le commerce, on peut cependant y acquérir par la
prescription des servitudes telles qu'un droit de passage,
bien que ce résultat soit contraire à la loi romaine (L.
14, t. 2 D. des servitudes). Et plus loin : « C'est un
« principe consacré par une foule d'arrêts que les pro-
« priétaires des maisons qui touchent les cimetières
« peuvent ouvrir des fenêtres du côté des cimetières...»
Sans aucun doute ces décisions du Parlement de Paris
étaient acceptées en Lorraine; la constitution de servitudes grevant les cimetières y était ainsi possible, soit
par convention, soit au moyen de la prescription de
trente ou quarante ans.

(1) *Répertoire de Jurisprudence*, vo *Cimetière*, no ix et xi.

Comme conclusion de cette digression historique, nous devons reconnaître que la Cour de Nancy a bien jugé, le 13 novembre 1891, au sujet du cimetière d'Autreville, mais par des motifs erronés. Il n'était pas besoin, nous le répétons, de remonter à l'ordonnance de René et au principe d'inaliénabilité du domaine ducal: ailleurs était la solution du litige. Quoiqu'il en soit, nos remarques n'ont qu'un intérêt purement archéologique et notre système, en le supposant admis, n'infirmerait en rien la décision des juges de première instance, qu'ont adoptée les magistrats de la Cour.

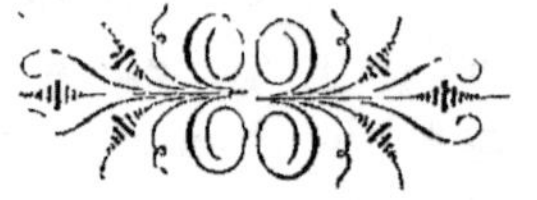